Y trefniannau i gyd gan Alun Guy. © Hawlfraint Cyhoeddiadau Curiad, 1993 oni nodir yn wahanol.

Mae hawlfraint ar gynnwys y llyfr hwn ac ni ellir atgynhyrchu unrhyw ran o'r cyhoeddiad gan gynnwys darlledu neu recordio'r caneuon mewn unrhyw fodd heb sicrhau caniatâd ysgrifenedig y cyhoeddwyr ymlaen llaw.

Defnyddir drwy caniatâd caredig y canlynol:-

Dashenka - Ambleside Music
Pan ddaw yfory - Cyhoeddiadau Sain
Ysbryd y nos - Cyhoeddiadau Sain
Chwarae'n troi'n chwerw -Cyhoeddiadau Sain
Cymru -Cyhoeddiadau Sain
Yr oes o'r blaen -Cyhoeddiadau Sain
Yma o hyd -Cyhoeddiadau Sain
Ti a dy ddoniau - Land of Song Music
Pan fo'r nos yn hir - Land of Song Music

Cynllun y clawr: Ruth Myfanwy

Argraffiad cyntaf: Mehefin 1993
Argraffiad newydd: Mawrth 1996

ISBN: 1 897664 95 8

Curiad, Pen-y-Groes, Caernarfon, Gwynedd LL54 6DB ☎(01286) 882166

RHAGAIR

Bûm yn ymwybodol ers blynyddoedd fod angen mwy o ddeunydd lleisiol yn ein hysgolion. Mae'r twf a fu mewn cerddoriaeth boblogaidd yng Nghymru yn ystod y blynyddoedd diwethaf wedi rhoi nifer o ganeuon gwych a chofiadwy inni. Ymateb i ofynion fy nisgyblion yw'r trefniannau hyn. Dyma drawsdoriad o'r caneuon a ddefnyddiais mewn cyngherddau, eisteddfodau ac arholiadau TGAU.

Erbyn heddiw mae tri gair newydd yng ngeirfa pob athro cerdd yn y sector uwchradd, sef CYFNOD ALLWEDDOL TRI. Mae deddf gwlad yn gorfodi pob ysgol i gynnig profiadau lleisiol i ddisgyblion 7, 8 a 9 yn unigolion ac mewn grwpiau. Ac, wrth gwrs, mae profiad o gerddoriaeth leisiol yn ganolog i gerddoriaeth yn y sector cynradd.

Credaf fod y llyfr hwn yn cynnig cymorth i'm cyd-athrawon cerdd sy'n chwilio am ganeuon addas a phoblogaidd i'w defnyddio yn y dosbarth ac mewn cyngerdd. Mae digon o ddeunydd lleisiol Saesneg ar gael, ond prin iawn yw'r deunydd yn y Gymraeg.

Ar wahân i'r elfen leisiol, gellir defnyddio'r caneuon wrth ymarfer nifer o elfennau cerddorol eraill hefyd. Rwy'n defnyddio'r caneuon gydag ymarferion fel ymateb i symbolau, cywiro camgymeriadau, cyweirnodau a chynllun a strwythur. Mae modd llunio cyfresi o wersi yn seiliedig ar un neu fwy o'r caneuon. Nid canu yn unig yw'r nod, ond cyflwyno elfennau, megis darllen, gwrando a deall. Wrth fabwysiadu'r polisi hwn caiff yr athro a'r disgyblion fwy o hwyl a mwynhad yn y gwersi. Mae cyfeiliant a rhannau lleisiol y caneuon wedi'u llunio'n fwriadol er mwyn defnyddio'r trefniannau gydag unrhyw gyfuniad lleisiol - o'r unsain hyd at SATB.

Mae arddull ysgafn y caneuon yn golygu y gellwch ychwanegu offerynnau electronig, drymiau ac offerynnau taro tiwniedig at y sgôr pe dymunech. Mae modd hefyd i chi ddefnyddio'r caneuon fel prosiect grŵp, a phob grŵp yn cynnal perfformiad yn ei dro gyda'i arweinydd a'i gyfeilydd ei hun. Yna medrwch recordio'r perfformiadau cyn eu harfarnu, eu gwerthuso a'u hasesu.

Pob hwyl i chi i gyd gyda'r gwaith!

Alun Guy

Pan Ddaw Yfory

ALUN GUY

CYHOEDDIADAU CURIAD

FOREWORD

In my experience, music departments in schools in Wales contain a large collection of vocal music derived from many countries around the globe but precious little from Wales itself. The successful growth of the Welsh Popular Music movement in recent years has provided us with several delightful and memorable songs. I have arranged many of these songs in response to the demands of my pupils at Ysgol Gyfun Glantaf and have used them widely in class-teaching, school eisteddfodau and concerts, as well as in GCSE and other examinations.

With the advent of the National Curriculum, schools are required to give students the opportunity to partake in group singing and individual performance. I hope that this book will allow English-medium schools to enjoy and sample the genre of the popular songs which have so enriched the fabric of our Welsh choral tradition. It also provides an excellent opportunity for cross-curricular links with the Welsh department at your school in seeking their help with the enunciation and meaning of the text as well as giving your curriculum a Welsh dimension in accordance with the wishes of the Curriculum Council for Wales.

Too often I have heard teachers complaining about the lack of suitable Welsh popular songs as an aid to their class teaching. Hopefully, these arrangements will help to rectify the imbalance of vocal resources in our schools.

Good luck to you in your choral work!

Alun Guy

CYNNWYS

PAN DDAW YFORY   9

YR OES O'R BLAEN   13

CYMRU   20

YMA O HYD   26

PAN FO'R NOS YN HIR   31

YSBRYD Y NOS   38

DASHENKA   46

TI A DY DDONIAU   50

DEWCH TUA'R FFAIR   57

TRADDODIAD   62

CHWARAE'N TROI'N CHWERW   65

PAN DDAW YFORY

Geiriau a cherddoriaeth: Caryl Parry Jones

1. Nei-thiwr wrth dy ym - yl, Doedd ams-er ddim yn bod. _____ Bod 'da'n gi-lydd oedd yn bwys - ig, a

9

cha-riad   oedd y   nod.   2. Ond he-no tyrd i 'mrei - chie

Cyn in - ni   dyn-nu'r llen.   A gad i   ni o -

-bei - thio   na ddaw'r nos-on   byth i   ben. Ond pan ddaw y - fo - ry, rhaid

10

dweud ffa-rwél a rhoi pob dim yn ôl. Yn ôl i'r gor-

-ffen - nol, a Duw a ŵyr pwy oedd fwy-af

CODA (ar ôl pen. 4)

ffôl. Pwy oedd y mwy-af, pwy oedd y mwy-af ffôl.

CODA (ar ôl pen. 4)

11

3 Gwn mai camgymeriad
  Oedd gafael ynot ti,
  Ac fe wyddwn i o'r cychwyn
  Nad oedd gwawr i'n cariad ni.

  Cytgan
  Ond pan ddaw yfory . . .

4 Hwn yw'r heno olaf
  Cyn hir fe dyrr y wawr,
  Felly rho i'm dy dynerwch,
  Ein machlud ni sy' nawr.

  Cytgan
  Ond pan ddaw yfory . . .

YR OES O'R BLAEN

Cerddoriaeth: Myfyr Isaac
Geiriau: Caryl Parry Jones

Traed As-taire yn af - lo - nydd   Glenn Mil - ler ar y
Clark yn tor - ri ca - lon - nau   a Bing a'i dy - ner

unis.

brig,   A'i "Li - nyn per - lau'n" gân drwy'r wlad.
lais   Yn breu - ddwy - dio am "Na - do - lig Gwyn."

Roedd Viv - ienne Leigh   yn "Mynd e - fo'r
Roedd bys - edd chwim   Fats Wal - ler yn eu

14

Gwynt," A'r Aus-tin Se - ven yn mynd yn llaw-er
bri, 'Nôl rhai bly - ny - ddoedd, a dy - na sut oedd

Cytgan

cynt._____ Dy - ddiau hir o ha - fau cyn - nes, cyn -
hi._____

- nes, "Ca - nu yn y glaw," yn y

15

glaw, Gwy - liau yn yr Isle of Man,

Fel - na 'roedd hi yn yr oes o'r blaen.

blaen. Roedd bys - edd

16

chwim Fats Wal-ler yn eu bri, 'Nôl rhai bly-

Cytgan

-ny-ddoedd a dy-na sut oedd hi._____ Dy-ddiau

hir o ha-fau cyn-nes, cyn - nes, "Ca - nu

yn y glaw," yn y glaw, Gwy - liau

yn yr Isle of Man, _____ Fel - na 'roedd hi yn yr

oes o'r blaen, _____ Fel - na 'roedd hi yn yr

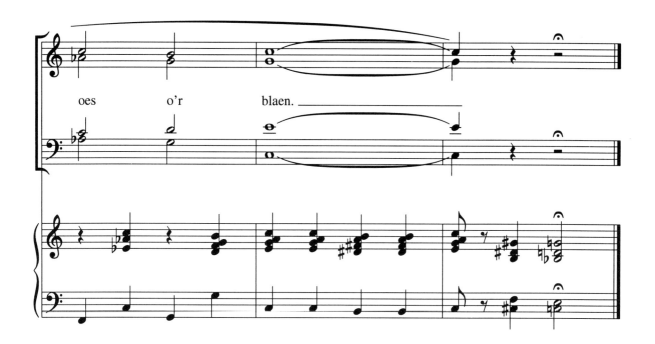

oes   o'r   blaen. _____

CYMRU

Cerddoriaeth: Martyn Geraint
Geiriau: Gareth Ioan

1. Mae gen i freu-ddwyd ers am-ser

lle gwe-laf Gym-ru'n rhydd,   Ac iaith ein plant   fydd

iaith ein hen-ei - die,   A phob ae-lwyd yn cyn - hes-u   wrth fflam __

hen iaith   tref-ta-daeth dra-gwy-ddol fydd.   2. Go-baith, ffydd   a

cha-riad __   sydd ang-en ar - nom ni. _____

Go-baith i'r dy-fo-dol, Ffydd __ y __ bo-bl, __ a cha-riad y can-ri-foedd __ i __

ad-fer Go-go-niant ein he-ti-fe-ddiaeth ni. Ond, cyn

Cytgan

hyn-ny mae ang-en gwir ym-dre-chu, cyn hyn-ny rhaid in dre-chu yr hyn sydd yn ein

22

dal yn __ gaeth, __ A chyn hyn-ny, mae ang-en sy-lwe-ddo-li mai ni sydd yn rhe-

-o-li tyng-ed gwlad ac iaith. Ai Cym-ry gwir wlad-ga-rol __

__ neu Gym-ry diwr-nod y-dym ni? 3. Mae gen i ffydd y __

unis.

mf

mf

mf

23

gwe-laf Gym-ru yn co-di'i phen i'r haul a throi cys-go-dion ein gor-

- ffen-nol 'nôl at wawd _____ y mach-lud, gan fo-ddi gwlad ein ta-dau

dal 𝄋 a Coda

gy-da llif go-leu-ni gwawr-ddydd dis-glair fydd yn deff-ro'r Gym-ru rydd. Ond cyn

dal 𝄋 a Coda

24

neu Gym - ry diwr - nod y - dym ni?

25

YMA O HYD

Geiriau a cherddoriaeth: Dafydd Iwan

1. Dwyt ti ddim yn co-fio Mac-sen, ___ does neb yn ei na-bod o, ___ Mae mil a chwe chant o fly-ny-ddoedd _ yn am-ser rhy hir i'r co', ___ Ond aeth Mag-nus Max-i-mus i Gym-ru ___ yn y flwy-ddyn tri chant wyth tri ___ A'n

ga - dael yn ge-ne - dl gy - fan ____ a he-ddiw we-le ni, Ry'n ni y - ma o

ff   *marcato*

℟ *Cytgan*

hyd, _____ Ry'n ni y - ma o hyd, _____ Er

℟ *Cytgan*

gwae-tha pawb a pho-peth, ___ er gwae-tha pawb a pho-peth, ___ er

gwae-tha pawb a pho-peth Ry'n ni y - ma o hyd, _____ Ry'n ni y - ma o

27

28

gwae-dded y da - ran "En-core!" Lli - fed dag-rau'r gwan ga - lon _____ a

lly-fed y tae-og y llawr, _____ Er du - ed y fag-ddu o'n cwm-pas _____ ry'n ni'n

ba - rod am do-riad y wawr, Ry'n ni y - ma o 3. Co-fiwn i Facs-en Wle-dig _____

a - dael ein gwlad yn un darn _____ a bloe-ddiwn ger bron y gwle-dydd _____ "By-ddwn

29

y - ma hyd ddydd y farn!" _____ Er gwae-tha pob "Dic Siôn Da-fydd," ___ er

gwae-tha'r gwlei-dy-ddion a'u criw, _____ By-ddwn y - ma hyd ddiw-edd am-ser _____ A'r

iaith Gym-raeg yn fyw! Ry'n ni y - ma o hyd. _____

30

PAN FO'R NOS YN HIR

Geiriau a cherddoriaeth: Ryan Davies

heb gwsg ___ un awr. _____ Ym - ladd a

throi ___ a throi drwy'r o - riau maith, ___

Heb we - led diw - edd ddoe na phen i'r

daith. _____ Y - na drwy'r t'wy - llwch du

gwe - laf dy wy - neb di; Wrth go - fio'r rha - mant

cau mae'r am - rant pan fo'r nos yn hir. _____

33

awr. _____ Ym - ladd a throi __ a throi

drwy'r o - riau maith, _____ heb we - led

di - wedd ddoe na phen i'r daith. _____

Y - na drwy'r t'wy - llwch du gwe - laf dy

wy - neb di; Wrth go - fio'r rha - mant cau mae'r am - rant

pan fo'r nos yn hir. _____ Y - na drwy'r

t'wy - llwch du   gwe - laf dy wy - neb di, ac

ofn a gi - lia,   braw ddi - flan - na,   Pan ddaw'r

nos   yn   ddydd.

37

YSBRYD Y NOS

Cerddoriaeth: Hefin Elis
Geiriau: Clive Harpwood

1. Pan ddaw lleis-iau'r nos i 'mhoe-ni, Sib-rwd gwag y gwynt i'm hoe-

ri, Ti sy'n lliw-io'r blo-de, â man-tell gwlith y bo - re;

Tyrd, Ys-bryd y nos. _____ 2. A'r ton-nau'n llus-go'r cre-gyn a - rian,

Siff-rwd yn eu lif - rai si - dan,   Mi wn y by-ddi y - no yn

ba - rod i'm cy - su - ro,   Tyrd, Ys-bryd y nos. _____

Cytgan

Ys-bryd y nos, tyrd y-ma'n awr, Gwas-ga-ra'r of-nau cyn daw'r wawr,

Di-ffodd t'wy-llwch, tyrd â'r dydd, Gad im ddod o'r nos yn rhydd.

3. Pleth dy wallt mewn ru - ban eu - raidd, Gyn-nes yn dy o - lau pe -

raidd, _____ A by-sedd brau y bar-rug yn deff-ro hun y cer-rig,

Tyrd, Ys-bryd y nos. _____ Ys - bryd y nos, tyrd

y - ma'n awr, Gwas - ga - ra'r of - nau cyn daw'r wawr,

Cytgan

41

Di-ffodd t'wy-llwch, tyrd â'r dydd, Gad im ddod o'r nos yn rhydd.

4. Ys-bryd y nos, rho d'o-lau mwyn, Ys-bryd y nos, rho im dy swyn,

Ys-bryd y nos, fel a-ngel y dydd, Ys-bryd y nos, e-naid y pridd.

5. Ac y-no yn y dyff-ryn ta - wel,   Mi

gly-waf gân yn sŵn   yr a - wel,   A ne - ges hud y gei-rie   yn

hed-fan dros y bry-nie,   Tyrd, Ys-bryd y   nos.

Ys-bryd y nos, tyrd y-ma'n awr, Gwas-ga-ra'r of-nau cyn daw'r wawr,

Di-ffodd t'wy-llwch, tyrd â'r dydd, Gad im ddod o'r nos yn rhydd.

Ys-bryd y nos, tyrd y-ma'n awr, Gwas-ga-ra'r of-nau cyn daw'r wawr,

44

Di-ffodd t'wy-llwch,   Tyrd â'r dydd,   Gad im ddod, gad im ddod yn rhydd.

DASHENKA

Geiriau a cherddoriaeth: Islwyn Ffowc Elis

E - to daeth sŵn yr ol - wy - nion, Sy - mud y-dyw ein

gwaith. Row - lio dros bri-ffyrdd a bry-niau,

Crwyd-ro yn ôl tu-a'r llu, Dy - ma'r by-wyd a

Cytgan

47

ga - rwn, Crwyd-ro, _____ sip-siwn y'm ni.

CODA(ar ôl pennill 3)

Lah, _____ Lah, Lah, _____ Lah,

Lah, _____ Lah, _____ Lah, Lah, Lah, Lah.

48

2 Neithiwr daeth camp ar y comin,
　Heddiw does un peth ar ôl,
　Neithiwr roedd tân ar yr aelwyd,
　Heddiw llwch ar y ddôl.

　　Cytgan:
　　Rowlio dros briffyrdd a bryniau . . .

3 Hwyrach fod rhywbeth i ddigwydd,
　Hwyrach fod trwbwl i ddod,
　Hwyrach, ond beth yw'r gwahaniaeth?
　Hynny fynnwn ni fod.

　　Cytgan:
　　Rowlio dros briffyrdd a bryniau . . .

TI A DY DDONIAU

Geiriau a cherddoriaeth: Ryan Davies

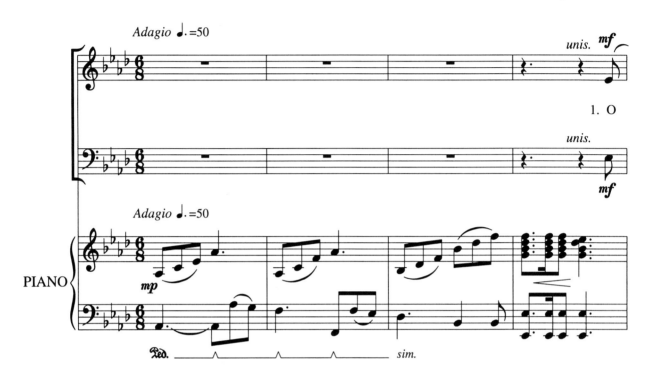

ble _____ gest ti'r ddawn _____ o dor - ri ca - lon - ne? _____ O

ble _____ gest ti'r ddawn _____ o ddweud _____ y ce - lwy-dde? ____ Ac o

ble _____ gest ti'r wên _____ a'r ddau ly - gad bach ty - ner? ____ Ac o

ble _____ gest ti'r tinc _____ yn dy lais? _____ *sopranos* Os mai

51

hyn _____ oedd dy fw-riad, _____ i'm _ gwneud _____ i yn ffŵl, wel do, mi

lwy-ddaist, __ mi _ lwy-ddaist _____ yn llawn. _____ Ond yr

hyn _____ rwyf am wy - bod yn awr, _____ dwed i

mi,   O dwed i   mi,   ble gest ti'r   ddawn?

2. Rwy'n co - fio fel ddoe _____ ti yn

unis.

dweud _____ "ca-ra fi'n awr," _____ a min - nau yn at - eb fel

hyn _____ "ca-raf di'n awr," _____ Ond mae ddoe _____ we-di mynd _____ a daeth

he - ddiw yn greu-lon, _____ Ac o ble _____ ac o ble, _____ ble rwyt

ti? _____ Os mai hyn _____ oedd dy fw-riad, _____ i'm _

"ca-raf di'n awr,"

54

gwneud _____ i yn ffŵl, wel do, mi lwy-ddaist, _ mi _ lwy-ddaist _ yn

llawn. _____ Ond yr hyn _____ rwyf am wy - bod yn

awr, _____ dwed i mi, O dwed i mi, ble gest ti'r

meno mosso

meno mosso

55

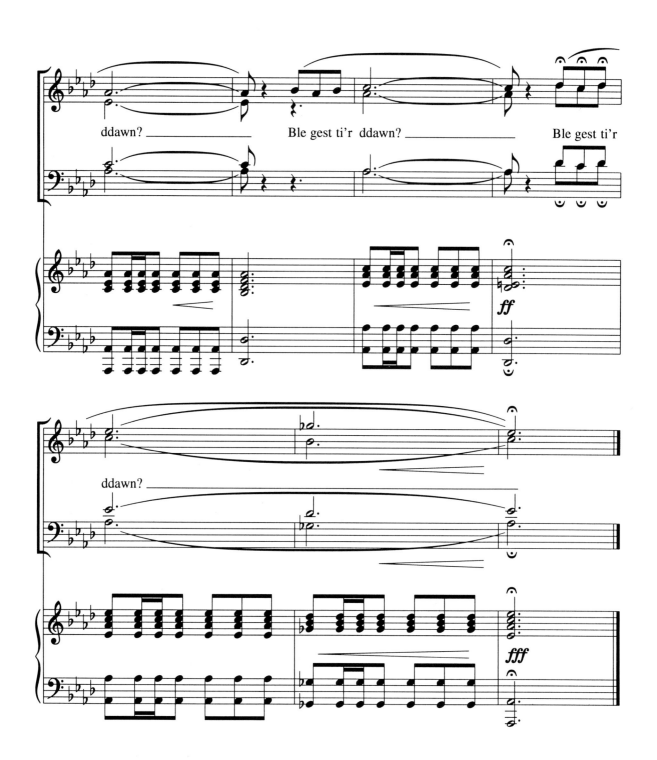

ddawn? _____   Ble gest ti'r ddawn? _____   Ble gest ti'r

ddawn? _____

ff

fff

56

DEWCH TUA'R FFAIR

Cerddoriaeth: Traddodiadol
Geiriau: Meinwen Guy

57

58

ffair yn y bo - re. Mewn gwis-goedd ffein pryd-ferth a he - tiau mawr

hardd, Gy - da Hei Ho, _____ Dewch tu - a'r ffair.

CODA(Ar ddiwedd pennill 3)

Hei Ho, Dewch tu - a'r ffair. _____ Dewch, lan-ciau ffel, a'ch

59

2 Mae'r crythor yn canu alawon yn ffri, gyda
   Hei Ho, Dewch tua'r ffair.
   Tabyrddau yn curo, i ffwrdd awn yn llu, gyda
   Hei Ho, Dewch tua'r ffair.
   Fe fydd neidio a dawnsio ar laswellt y fron,
   Ceffylau bach troellog yn suo yn llon, felly
   Dewch,chwi dyrfa ddi-ri,
   Dewch i'r ffair, dewch i'r ffair yn y bore.
   Rhowch glo ar eich drysau, bydd digon o hwyl, gyda
   Hei Ho, Dewch tua'r ffair.

3 Os cariad a fynnwch fe'i cewch yn ddi-ffael, gyda
Hei Ho, Dewch tua'r ffair.
Calonnau sy'n hapus, sy'n hoffus, sy'n hael, gyda
Hei Ho, Dewch tua'r ffair.
Ac os brysiwch i'r br'odas a genir yn rhydd,
Fe ddawnsiwch yn ddi-baid hyd derfyn y dydd, felly
Dewch, chwi dyrfa ddi-ri,
Dewch i'r ffair, dewch i'r ffair yn y bore.
Mae'r heulwen yn gwenu ar doriad y dydd, gyda
Hei Ho, Dewch tua'r ffair.

TRADDODIAD

Cerddoriaeth: Tchaikovsky
Geiriau: Meinwen Guy

Pan oedd yn blen - tyn, Ie - su Da, Roedd gan - ddo

ardd _____ rho - syn - nau ha'. Go - fa - lai beu - nydd

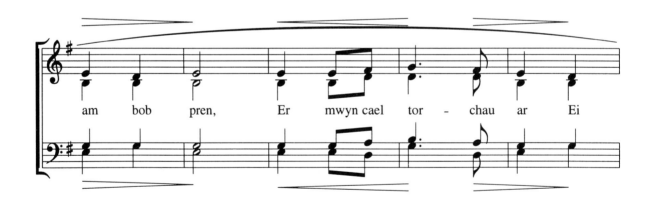

am bob pren, Er mwyn cael tor - chau ar Ei

ben. A phan ddôi'r gwan - wyn yn ei dro, _____ Fe

al - wai a - to blant y fro. Cy-me-rai pawb ei

flo - dyn drud, Nes gwneud yr ardd yn wag i gyd.

'Sut gei di go - ron ros yn awr? Mae'r coed yn

llwm _____ o'r brig i'r llawr.' 'A ang-ho-fia - soch,'

e - be Fe, 'fod y - ma ddrain a wna'n eu

63

lle?' Ple - tha - sant y - - no go - ron
lem o'r ca - ngau cas i'r hardd Ei
drem. A daf - nau gwaed o bi - gau
drain, Sydd ar Ei ben, nid blo - dau cain.

CHWARAE'N TROI'N CHWERW

Cerddoriaeth: Myfyr Isaac
Geiriau: Caryl Parry Jones

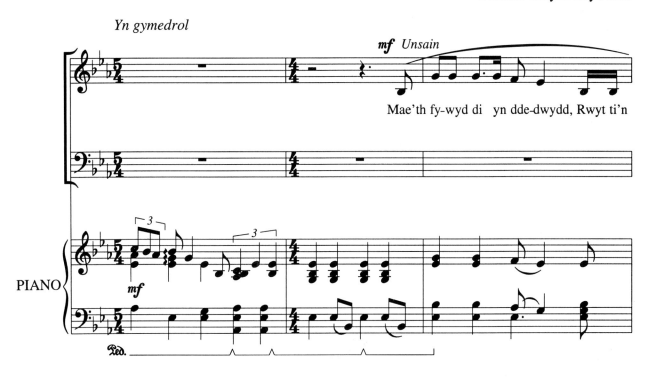

boe-ni di o hyd. _____ Ti'n syr-thio mewn i'r fa - gl, gan

wy-bod be 'di be, A does dim ar ôl ond rhyw sy-niad ffôl yr eith

po-peth 'nôl i'w le. __ Ac mae chwa-rae'n troi'n chwe - rw, Mae'r

gwin yn troi'n sur. ___ Mae'r wên yn troi'n ddag - rau, A'r

wefr yn troi'n gur. ___ Ac os wyt ti'n rhyw - le yn

gwran-do ar fy nghân, Co-fia fod chwa-rae'n troi'n chwe - rw wrth

chwa-rae 'fo tân. chwa-rae 'fo tân. Mae'th

y - na bob yn di-pyn, mae'r dar-nau'n dod yng-hyd; Ti'n

dod i dde-all sut mae cael y go-rau o ddau fyd. Mae'n

68

dod yn haws deud cel - wydd sy'n sw-nio fel y gwir, A ti'n

gwy-bod yn iawn fod dy gw-pan yn llawn a'r ffordd o'th flaen yn glir. Ac mae

CODA

fyw-yd yn rhy fyr, _____ Ac am-ser yn mynd yn

brin, _____ Ti'n ym-ladd â'th gyd - wy - bod, Ond yn

fod-lon il - dio ar ddim. _____ 3. Ti'n tri - o pei - dio gwran-do ar y

gei - riau yn dy ben _____ Sy'n cy - ffwrdd â'r gwi - rio - nedd, sy'n

gudd tu ôl i'r llen. _____ Ti'n

tri - o cau dy ly - gaid ar beth a sut a phwy, A ti'n

gweld yn glir bod pob dim yn wir a bod y gwir yn bri - fo mwy. Ac mae

71